SYLLABAIRE

FORMÉ DE MOTS FACILES

BIEN CONNUS

ET TRÈS-MÉTHODIQUE

Par BONHOURE

ANCIEN INSTITUTEUR

DEUXIÈME ÉDITION

PARIS

NOUVELLE-LIBRAIRIE CLASSIQUE

VICTOR SARLIT, LIBRAIRE-ÉDITEUR

RUE SAINT-SULPICE, 25

1859

SYLLABAIRE

FORMÉ DE MOTS FACILES

BIEN CHOISIS

ET TRÈS-MÉTHODIQUE

Par BONHOURE
ANCIEN INSTITUTEUR

DEUXIÈME ÉDITION

PARIS
NOUVELLE LIBRAIRIE CLASSIQUE
VICTOR SARLIT, LIBRAIRE-ÉDITEUR
RUE SAINT-SULPICE, 25

1859

SYLLABAIRE

FORMÉ DE MOTS FACILES

BIEN CONNUS

ET TRÈS-MÉTHODIQUE

Par BONHOURE

ANCIEN INSTITUTEUR

DEUXIÈME ÉDITION.

PARIS

NOUVELLE LIBRAIRIE CLASSIQUE

VICTOR SARLIT, LIBRAIRE-ÉDITEUR

RUE SAINT-SULPICE, 25

1859

Nous sommes sûr, par l'expérience et l'étude, que la meilleure méthode de lecture est celle qui commence par des syllabes, puis par les mots les plus faciles et les mieux connus. Or ces derniers sont ceux qui sont du singulier, syllabés, et dont toutes les lettres se prononcent, ou qui s'écrivent comme on parle.

OUVRAGES DU MÊME AUTEUR

L'Alphabet, in-18, cartonné. Quatre tableaux de Lecture d'un grand format et en gros caractères sont extraits de cet Alphabet.

Méthode de Lecture formée de mots faciles, bien connus, **in-12**, cartonné, faisant suite à ce Syllabaire.

Exercices de Lecture sur les Premières difficultés de la Lecture élémentaire, in-12, cartonné, faisant suite à la *Méthode de Lecture.*

Exercices de Lecture sur les principales difficultés de la Lecture élémentaire, in-12, cartonné, faisant suite aux *Premières difficultés de la Lecture élémentaire.*

Les Idées enfantines, ou la Lecture selon le goût de l'Enfance, in-12, cartonné, faisant suite aux *Principales difficultés de la Lecture élémentaire.*

Le Petit Lecteur, ou les premières connaissances élémentaires, in-12, cartonné, faisant suite aux *Idées enfantines.*

L'Alphabet grammatical, la Conjugaison des Verbes, l'Abrégé du Conducteur de la Jeunesse, etc., etc.

On peut se servir de cet ouvrage avec la prononciation sourde ou accentuée des lettres, de même qu'avec ou sans épellation.

Paris. — Typographie de H. S. Dondey-Dupré, rue Saint-Louis, 46.

SYLLABAIRE

GRANDES LETTRES.

VOYELLES.

A	I	U
E	O	Y

CONSONNES.

B C D F G

H	L	P
J	M	Q
K	N	R

S T V X Z

PETITES LETTRES.

VOYELLES.

a	i	u
e	o	y

CONSONNES.

b c d f g

h	l	p
j	m	q
k	n	r

s t v x z

LETTRES ACCENTUÉES.

é	à	ù
è	û	â
ê	ô	î

Syllabes de deux lettres non accentuées et commençant par la même consonne.

ba	da	fa	la
be	de	fe	le
bi	di	fi	li
bo	do	fo	lo
bu	du	fu	lu

Ma, me, mi, mo, mu.

Na, ne, ni, no, nu.

pa	ra	sa	ta
pe	re	se	te
pi	ri	si	ti
po	ro	so	to
pu	ru	su	tu

Va, ve, vi, vo, vu.

Syllabes de deux lettres non accentuées et commençant par des consonnes différentes.

pa	fu	je	pu
ni	ne	ra	la
du	ro	cu	ve
ce	ta	fo	ti
za	de	ma	ge

Mi, fa, ru, si, co.

Le, bo, me, ca, ri.

Zu, na, vo, te, va.

se	no	fe	bu
nu	be	hi	ho
to	gu	da	li
ze	ma	jo	mu
pi	do	ci	ga

Hu, bi, ju, zo, gi.

Ba, vu, so, re, tu.
Po, zi, pe, so, re, su.
Lo, vi, ha, ki, sa, fi.

Mots faciles, bien connus, formés des syllabes qui précèdent.

no ce	fi ne	te nu
li ra	ve nu	â me
pa pe	ca ve	ma ri
me nu	pu ni	pa pa
du re	ro be	mi di
sa li	li ma	da me
lu ne	rô ti	jo li

1. A mi, fa ce, ri ra, pu re, sa-ge, ra vi, ju ge, u ni, gâ ta, a gi, cu ve, fi la, ju pe, me na, re lu, vi te, le va, ra vi, ca ve, é cu, vo-le, ti ra, po li, u ne, cu re.

mi na	rô le	di ra
â ne	mu ni	ca ge
ge la	ra ve	de mi
fi ni	dî na	é lu
ve lu	bâ ti	fa de
li me	va lu	ci ra
se ma	mi ne	é pi

2. Re dû, ga ze, fu ma, pa ri, la ve, fe ra, pâ li, re vu, pa va, di re, é mu, ga ge, bé ni, vi ra, tê tu, ru gi, la me, pa ru, ca pi, pa ge, ri ma, vê tu, ca ne, gé mi, ru de.

Membres de phrases formés de mots faciles, bien connus, de deux syllabes et au singulier.

je li me	u ne da me
u ne ca ge	le pa pe
la lu ne	ta ca ve
du rô ti	sa no ce
ma ca ve	je fi le
ta ro be	le ju ge
u ne â me	ce mâ le
le mi di	je ti re

3. La mo de, u ne ra ve, je dî-ne, ta ca ge, ce rô le, la ga ze, sa fa ce, u ne ra me, ma pi pe, le sa ge, sa li me, ce pa ri, u ne ri de, je ci re, ta ju pe, u ne cu-re, la mi ne, ce so fa, ma râ pe.

Mots faciles, bien connus, de deux, de trois et de quatre syllabes, formés des syllabes qui précèdent.

no vi ce	vo lu me
du pe	re po li ra
mi nu te	sa la de
na ge	ca ni cu le
bo bi ne	do mi no
î le	fi la tu re
pa na de	gi ra fe
le va	ca pu ci ne

4. Ca ba le, da te, re cu le ra, re te nu, pa vé, o ri gi ne, vi de, ca ra co le, na tu re, ha bi tu de, o li ve, ma da me, re bu te ra, pi le, re ve nu, ha bi le, ju ra, le-vu re, mu ni ci pa le, po li ce, a-bo li.

re pa ru	ca pi ta le
fa ci li te	fi gu re
ri va ge	ra fi ne ra
a dore ra	me na ce
ca li ce	ca ma ra de
ma ti na le	o ra ge
pa ru re	ra ni me ra
li mi te ra	do ru re

5. Ca po te, mu le, po li ra, hu mi de, i mi te ra, ma la de, hô-te, fa ri ne, pa ro le, gâ te ra, pa-na de, ca ra bi ne, ci ga le, bo ca-ge, ki lo, pe ti te, ra ni me ra, sa me di, pâ te, i ma gi na.

Membres de phrases formés de mots faciles, bien connus et au singulier.

je de vi ne	u ne cu re
ce ki lo	sa bo bi ne
u ne pe ti te	je ju ge
le pa ge	ta ma li ce
ma tu li pe	u ne la me
sa li me	sa fi gu re
du po ta ge	ce pô le

ce vi de	sa ca po te
la ci ga le	le mi di

6. Ce ca li ce, la ca ni cu le, u ne fa ce di vi ne, de la pâ te du re, sa mi li ce, je me re ti re, ta ca ba ne, le pa pe va vi te, je sa le du rô ti, de la li mo na de, sa râ pe fi ne, u ne o li ve mû re, je la ve ma ro be.

Syllabes accentuées et de deux lettres.

cè	bê	rè	jé
té	sè	vé	gê
fè	pé	zè	hé
vê	mê	tê	nè
ré	vè	fé	bé

Bè, pê, cé, dè, lê, zè, lé, té, rê, mé, sé, gè, vé, hè, fê, mè, dé, hê, né, lè, dê, gé, pè.

Mots faciles, bien connus, formés des syllabes qui précèdent.

mo dè le	rê ve
ré pa re ra	é ga li té
ba rê me	â ge
ju gé	dé fi gu ré

bê le ra	zè le
zé ro	ré ga le ra
sé vé ri té	é lè ve
re lè ve	dé mâ te
ré gé nè re	fu mé

7. **Hâ** le ra, me na cé, dé mê-le, u ti li té, pâ li ra, a do ré, co-mè te, sû re, rô le, mé di ra, gâ-té, pè re, gé né ra le, râ pé, fi dè le, fê te, mè re, dé ci de-ra, é nu mè re, fa ta li té, re-mè de.

dé gè le ra	vé ri té
a mè re	mê me
lé gè re té	di gé re ra
vê le	zé lé
ra ni mé	co lè re
tê te	bê te
ré vé le ra	a va lé
é ma né	fè ve
mé de ci ne	re cé le ra

8. **Mé** na gè re, dé ga gé, hâ-te ra, hu ma ni té, lé gè re, do-

mi né, mo dè re, pâ le, é pi ne, ma né ge, du re té, dé jà, a- me né, fê té, gê ne, mé ri te, cu ré, vê tu, dî né, ga lè re, vo lé, â me, é té.

Membres de phrases formés de mots faciles, bien connus et au singulier.

ce mo dè le	u ne râ pe
un â ge	le cu ré
la sé ve	sa lé gè re té
ce ba rê me	du ca fé
du pa vé	un nu mé ro
sa co lè re	ce pè re
ma fê te	la fé ro ci té
u ne é tu de	un rê ve
le zè le	ta mè re
ta fi dé li té	la mé de ci ne

9. La bê te fé ro ce, je le ré- pa re, ta mè re se lè ve, de la pâ te fi ne, u ne ro be lé gè- re, sa co lè re se ra ni me, du rô ti sa lé, é vi te la gê ne, je me ré ga le, mo dè re ta mu- le, la va ni té de ce ju ge.

Syllabes commençant par des voyelles et de deux lettres.

au	**en**	**ou**	**et**
on	**il**	**an**	**in**
ai	**oi**	**ur**	**or**
ad	**ex**	**ob**	**mi**
on	**at**	**es**	**of**

Ar, op, un, eu, oc.

Mots faciles, bien connus, formés des syllabes qui précèdent et au singulier.

an ge	**in fi ni té**
or ne ra	**ai de**
ai mé	**en co re**
ar mu re	**ur ne**
on ze	**em pi re**

10. Ad mi re, oc ta ve, ambi gu, in di ce, en tê té, impu re, ob te nu, in vi te ra, ar ti cu le, or né, ai ma, enga gé, on ce, en du re, in doci le, ob sé de ra, on de.

Membres de phrases formés de mots faciles, bien connus et au singulier.

on au ra	**un ac te**
il ob sè de	**il an ti ci pe**

un in fâ me	u ne on ce
on ad mi re	on en ga ge ra
il ar me	u ne ur ne

11. Un an ge a do ré, il ai-me sa mè re, un â ne en tê-té, il ad mi re en co re la lu-ne, on en a ob te nu on ze, il en se ve li ra un in va li de, on a vu un em pi re in fi ni, je re lè ve u ne ar me.

Syllabes de trois lettres.

ceu	fai	don	moi
dan	peu	ban	lin
fon	can	rai	foi
voi	pou	feu	con
din	leu	vin	vou

Nou, tan, seu, loi, man, lai.
Dou, cai, reu, joi, tou, nin, mai.
Nan, bin, son, veu, lan, fin.
Dau, loi, mon, tin, nai, feu.

ben	coi	rin	rou
roi	cen	bau	dai
sou	fou	doi	fan

deu	pin	mau	bon
pon	fau	bai	cin

Poi, hou, jeu, gan, heu, bou.
Pau, ron, lou, non, hau, goi.
Beu, gan, jou, nau, gon, jai.
Mou, han.

pai	gou	van	nin
ran	hai	rau	tai
geu	meu	sin	vau
jan	jau	ton	san
lon	gai	soi	tau

Sai, von, toi, pan, sau.

Mots faciles, bien connus, formés des syllabes qui précèdent et au singulier.

min ce	mon de.
fon tai ne	ca dan se
man ge	len te
sou ve nu	con fon du
rou ti ne	en fan ce
lon gi tu de	ba lan cé
é pon gé	fou le
sin cè re	fu tai ne
dou te rai	bon té
hau te	de meu re

12. Mé moi re, man da rin, lou ve, va can ce, re mon te-rai, sa pin, pou le, a van ta-ge, hau tai ne, pai re, fe rai, pou pon, san té, sou pi ra, vi-van te, voi tu re, a man de, é-cou te ra, meu le, jeu di, con-ten te, jau ne, ru ban, ne veu, dou zai ne, jam bon, dé fai te, bou lan gè re.

cen ti me	mé con ten te
cou lé	sau rai
lin gè re	a ven tu re
seu le	con gé
a jou te rai	sen ti rai
re non ce	mou lu re
hu mai ne	dou te ra
é cou le ra	con ve nu
vo lon té	mau di te

13. Lin ge, co ton, man ge-ra, bou le, ven dan ge, é pau-le, sou dai ne, dé cou pe rai, ro man ce, no tai re, do mai-

ne, cou cou, neu ve, sa von, é pon ge, dé cam pe rai, seu-le, cou lan te, ven gé, heu re, son dé, a van ta ge, vi lai ne.

Membres de phrases formés de mots faciles, bien connus et au singulier.

le mon de	**un sin ge**
ce roi	**le cou cou**
ta lai ne	**ce ma tin**
du co ton	**la mé moi re**
u ne rou te	**du lai ta ge**
la loi	**u ne é pau le**
ton lin ge	**on man ge**
sa cou pe	**le no tai re**
un sau mon	**je boi rai**
ma tan te	**sa mi tai ne**

14. La meu le de ce mou-lin, je man ge rai tou te seu-le, ce no tai re boi ra peu, voi là de ton vin rou ge, la pe ti te pou le se sau ve, il va au rou la ge, la toi le de mon pè re, son ne veu a un con-

te, voi ci un jo li bâ ton, il i ra en co re au bain.

ce ju pon	u ne sa van te
sa pa ren te	le jeu
du feu	sa mé moi re
ton ru ban	un ro man
le con gé	du din de
un pan ta lon	ce mai re
du bou din	ma ro man ce
ma lai ne	ta pou le
la foi re	sa boî te
du cou ra ge	u ne cen tai ne

15. Je la ve rai ce ju pon, re ti re la sou pe du feu, il au ra un cen ti me, ce ca pi-tai ne man ge ta poi re, je te de man de ma cou pe, il me ra con te u ne a ven tu re, on le mè ne à la foi re, je li rai tou te la se mai ne, on é cou-te le mon de.

Mots faciles, bien connus et dont l's se prononce comme un c.

ré pon se	(ré pon ce)

dan sa	(dan ça)
dé pen sé	(dé pen cé)
en se ve li	(en ce ve li)
dan sai	(dan cé)
con si dè re	(con ci dè re)

16. Con so li de, an se, dé-pen sa, en se ve li rai, in sen-sé, dan se, cen su re, con so-le rai, pen sé, con si dé ra, sen si bi li té, sen si ti ve, in-den si té, con so lan te, pen-si ve.

in sa lu tai re	dé con si dé ré
dan san te	ton su ra
en se ve li ra	in so len te
in so len ce	in su lai re
ton su ré	con sen ti

17. Pen san te, re sè me, con sen tan te, ton su re, con-so lé, en se men ce, in sen si bi-li té, in su, den si té, con so-le ra, cen su re rai, men son-ge, pan sa ge.

Membres de phrases formés de mots faciles, bien connus et dont l's se prononce comme un c.

u ne ré pon se	je dan se rai
il dan sa	on pan sa
ta dé pen se	son an se
ma ton su re	il con sen ti ra
on con si dé ra	je dé pen sai
un in sen sé	on con so le

18. Je dan se rai en co re, il ai me sa pe ti te an se, on pen se ra peu à moi, il a a-gi en in sen sé, je te fe rai u ne ré pon se, on va à u ne fê te dan san te, il con so li-de ma ca ba ne, je se rai ton-su ré à u ne heu re, il fe ra ce ci à son in su.

Mots faciles, bien connus et dont l's se prononce comme un z.

con fu se	(con fu ze)
é pou sa	(é pou za)
cou sin	(cou zin)
ja lou se	(ja lou ze)
voi si na ge	(voi zi na ge)
rai son	(rai zon)

é pou sé	(é pou zé)
o se ra	(o ze ra)

19. Cau se ra, men teu se, voi sin, re po sé, fa meu se, dé sa bu se raï, cou si ne, sai-son, me su ré, pa voi se ra, mi sè re, dé cou su, ti son, sau teu se, vi sa ge, ca mi so-le, ra se ra, re po se, mai son, ce ri se, a mu sa, dé com po-sé, dan seu se.

toi son	dou teu se
ré si de ra	ré so lu
mu se lé	a ni mo si té
sa von neu se	cau sa
boi sé	ba sa né
ci se lu re	vi si te
ba se	heu reu se
é ga li sa	dé si re

20. Oi si ve té, me su ra, bu se, re toi sa, gé né reu se, a mu san te, ad mi se, ré so-lu, pa voi sé, vi gou reu se,

di vi se rai, me su re, dé po se- ra, a van ta geu se, gé né ra li- sa, a mu se rai, li mou si ne, i nu si té, ca se ra, boi teu se.

Membres de phrases formés de mots faciles, bien connus et dont l's se prononce comme un z.

la mi sè re	**u ne bu se**
u ne boi teu se	**la sai son**
je dé si rai	**il re po se ra**
ce voi si na ge	**on cau se**
il re fu sa	**je dé po sai**
ta ma su re	**un ti son**
du poi son	**sa cou si ne**
ma ca mi so le	**ce va se**
il ra sa	**ton vi sa ge**

21. Il au ra de la mi sè re, ton voi sin se re po se, je dé- si re de la rai son, il é pou- se ra sa voi si ne, on é vi te le poi son, je cau se rai tou- te seu le, voi ci u ne ce ri se mû re, son vi sa ge se dé com- po sa, il au ra u ne pe ti te ro se.

u ne ce ri se	sa toi son
il vi sa	la bi se
du fai san	je me su re
ma ro se	il toi sa
u ne mai son	ta fi leu se
je po sai	du rai sin

22. On sen ti ra en co re la bi se, il man ge ra du rai sin, je pè se ma ca mi so le, ta cou si ne re dou te ra la mau-vai se sai son, il po sa u ne ro se, je ra sai mon pè re.

NOTA. — Voyez la *Méthode de Lecture* faisant suite à cet ouvrage.

FIN

Paris. — Typographie de H. S. Dondey-Dupré, rue Saint-Louis, 46.

OUVRAGES DU MÊME AUTEUR

Tableaux de Lecture, grand format et en très-gros caractères. Prix de chaque tableau en feuille : 50 centimes.

Ces tableaux, au nombre de quatre, offrent un grand avantage pour toutes les écoles.

La Conjugaison des Verbes rendue facile par des exemples théoriques et pratiques pourvus d'un numérotage très-commode.

Cet ouvrage aide puissamment à conjuguer et à orthographier tous les verbes réguliers.

Exercices de Lecture sur les principales difficultés de la lecture élémentaire.

Par un nouveau procédé aussi clair que simple, ce dernier ouvrage met les élèves en état de pouvoir lire eux-mêmes tous les mots les plus difficiles.

Paris. — Typ. de H. S. Dondey-Dupré, rue Saint-Louis, 46.

OUVRAGES DU MÊME AUTEUR

Tableaux de Lecture, grand format et en très gros caractères. Prix de chaque tableau en feuille : 50 centimes.

Ces tableaux, au nombre de quatre, offrent un grand avantage pour toutes les Écoles.

La Conjugaison des Verbes rendue facile par des exemples théoriques et pratiques pourvus d'un numérotage très-commode.

Cet ouvrage aide puissamment à conjuguer et à orthographier tous les verbes réguliers.

Exercices de Lecture sur les principales difficultés de la lecture élémentaire.

Par un nouveau procédé aussi clair que simple, ce dernier ouvrage met les élèves en état de pouvoir lire eux-mêmes tous les mots les plus difficiles.

Paris. — Typ. de H. S. Dondey-Dupré, rue Saint-Louis, 46.

www.ingramcontent.com/pod-product-compliance
Lightning Source LLC
Chambersburg PA
CBHW070746280326
41934CB00011B/2810
* 9 7 8 2 0 1 9 5 5 1 6 5 0 *